AF470004

ESSAI
SUR
LA PEINE DE MORT,

Dédié à Monsieur le Vicomte de VILLENEUVE, *Maître des Requêtes, Préfet du Département de la Meurthe ;*

Par Hilaire-François BARRET, de Neufchâteau (*Vosges*), ancien Substitut, Avocat et Avoué à Sarrebourg.

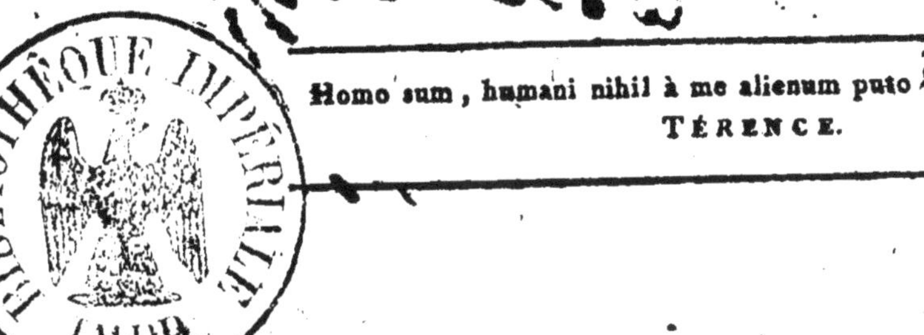

Homo sum, humani nihil à me alienum puto.

TÉRENCE.

A SARREBOURG,

DE L'IMPRIMERIE DE GABRIEL FILS.

1821.

Cinq Exemplaires ont été déposés à la Préfecture du Département de la Meurthe, conformément aux lois.

Barrez

PRÉFACE.

CERTAINS auteurs redoutent la critique, moi je la désire, mais je supplie qu'on écrive sur le même sujet.

Etudians en droit, lisez les Causes célèbres, démontrez que je n'ai pas rempli la tâche que je m'étais imposée; fortifiez mes preuves, fournissez-en de nouvelles, portez la conviction dans l'ame; c'est un service à rendre à l'humanité.

A Monsieur
le VICOMTE DE VILLENEUVE,
MAITRE DES REQUÊTES, PRÉFET
du Département de la Meurthe.

Monsieur le VICOMTE,

TOUT ce qui intéresse la société, doit, à mon avis, s'approcher de l'autorité, parce qu'elle la protège essentiellement. C'est par cette raison que je me suis déterminé à vous offrir mon très-foible essai sur la peine de mort.

En daignant l'accepter, avec la grace qui vous caractérise, vous avez prouvé à vos administrés qu'ils ont le bonheur de posséder en vous le magistrat philantrope ; le véritable père de famille.

Je suis, avec respect,

Monsieur le Vicomte,

Votre très-humble
et très-obéissant serviteur,
BARRET.

Sarrebourg, le 15 Septembre 1821.

ESSAI SUR LA PEINE DE MORT.

Je suis tellement obsédé par le désir d'exprimer mes idées sur la nécessité d'abolir la peine de mort, que je ne puis plus y résister. Sans doute je manque de tout ce qu'il faudrait pour convaincre ; mais quand je ne produirais d'autre résultat que d'engager à réfléchir sur un si grave sujet, l'humanité gagnerait encore beaucoup.

Déjà Beccaria nous a fait connaître que le voeu que je forme est le voeu secret de tous les hommes. M.

l'ancien évêque de Blois, a fait la demande formelle de l'abolition de cet assassinat juridique, et M. le général Lafayette l'a renouvellée; enfin, les jurisconsultes et les publicistes sont maintenant tous d'accord sur ce point.

Les Etats-Unis jouissent des droits de l'humanité, et la Russie en a fait l'expérience pendant vingt années, sous l'immortelle Impératrice Elisabeth.

Les temps sont venus où l'on ne doit plus se borner à des vœux secrets. Je demande, moi, l'abolition de cette peine, quelque foible que soit ma voix, parce que je crois remplir un devoir.

Si elle n'eût point ensanglanté nos lois, les bourreaux de Louis XVI, l'auraient-ils inventée?

Cette douloureuse épreuve des erreurs humaines devrait, seule, faire renverser l'échafaud, dans la France en deuil de l'homme juste; car, comme par l'effet de la mnémonique, voir exécuter, c'est revoir le supplice de ce Prince; voir fusiller, c'est revoir un héros dans les fossés de Vincennes.

Mais il est d'autres argumens; la peine de mort n'est point de la compétence des hommes, elle est complètement inutile; enfin, elle peut atteindre l'innocence. Voilà ce que je vais essayer de démontrer.

Dieu seul donne la vie......... Dieu seul peut en disposer......... Si l'on soutient le contraire, le suicide est justifié......

La création de l'homme sert aux desseins impénétrables de la divinité.... Nier cette vérité, c'est mettre en doute l'existence de la providence; c'est nous jeter dans le matérialisme......

L'homme, doué de l'intelligence, de sens exquis, et de ce *moi* intérieur, a certainement une mission sur la terre. Dire que, comme la brute, il a été créé pour manger et dormir, c'est déraisonner. Tout, dans la nature, lui révèle le culte d'un être infiniment bon, et il me semble que son grand besoin est de l'adorer, surtout de l'adorer comme il veut l'être, c'est-à-dire, en aimant et secourant ses semblables.

Le cercle de l'humanité embrasse l'immensité, tout y est possible. Cela me suffit pour dire que cet homme qui s'arrache la vie, contrarie la providence, ou l'on ravale l'espèce humaine au jeu du mécanisme, et l'on tarit toutes les sources du bien. Je sais qu'il est des hommes qui professent que Dieu ne s'occupe pas de nous, mais c'est encore déraisonner; car nous ne pourrions rien par nous-mêmes, et, d'ailleurs, ce serait la plus belle démonstration de la légitimité du vol.....

Il en est d'autres qui disent le contraire, témoin l'auteur du système des protubérances; mais c'est toujours déraisonner; car Dieu ne marque pas les victimes ni ceux qui les immolent, s'il a créé le remords et les tiraillemens de la conscience.

A ce compte, cet homme qui fait un métier pour vivre, serait une manivelle vivante!

Non, l'homme n'est pas sur la terre pour lui-même, il doit y attendre ce qu'il deviendra, car la vie n'est pas dans l'action sans cesse renouvelée de s'habiller et de se coucher.

Et de quel droit veut-il se détruire?

Comment! cet insensé qui ne sait seulement pas comment on digère pour lui, Dieu l'aurait laissé l'arbitre d'être ou de n'être pas?

Les secrets de l'Eternel lui sont-ils dévoilés?

Au barreau, dans la magistrature,

à l'armée, les pairs et les députés d'aujourd'hui, prévoyaient-ils l'avenir? Savaient-ils qu'une révolution se ferait, qu'un gouvernement libre s'établirait, et qu'ils en seraient l'honneur et la gloire?

Neuwton eût-il étonné le monde, s'il eût cédé à la maladie du spléen?

Pour échapper au remords, le coupable saisit avec ardeur cette idée impie, que tout finit avec lui. Mais, est-ce que son enveloppe mortelle lui appartient donc davantage que les autres ouvrages de Dieu ne s'appartiennent à eux-mêmes? L'intelligence, qui met l'homme au-dessus des animaux, lui aurait donné une triste supériorité.

L'homme est un être en mission, il a l'ordre de vivre, il recevra l'ordre de cesser sans pouvoir s'y soustraire. Il doit attendre la fin que Dieu s'est proposée en le créant, car, qui lui a dit qu'il ne doit pas être l'auteur d'une découverte utile à ses semblables; qu'il ne doit pas sauver son pays?

Ainsi, je vois dans le suicide, l'homme contrarier les desseins de la Divinité, soit par rapport à lui, soit par rapport aux autres. Nous ne disons pas : je veux exister, de même nous ne pouvons pas dire : je veux qu'un autre existe; donc rien ne vient de nous-mêmes, et alors nous entreprenons sur les droits du Créateur qui, seul, peut faire de ses ouvrages, ce que bon lui semble.

Mais, oublie-t-on que celui-là qui se lasse de la vie, qu'aucun lien ne retient plus en apparence, veut en vain se donner la mort, dans l'état de nature? Les organes de la vie, tout ce qui la constitue essentiellement, rien n'est à sa disposition; sa volonté est impuissante sous ce rapport. Son cœur lui appartient, et il ne peut lui commander avec succès de cesser ses battemens. Il veut discontinuer de marcher; il s'arrête. Il veut cesser de vivre; il existe toujours. C'est inutilement qu'il voudrait empêcher son sang de circuler, ses nerfs de l'agiter, sa mémoire de lui retracer des souvenirs, sa conscience de lui faire des reproches; rien de tout cela n'est lui.

Cette persistance à exister sans le vouloir, atteste à l'homme qu'il ne vit pas pour lui; qu'il doit finir comme il a commencé, c'est-à-dire, sans son consentement.

Si l'homme ne peut se détruire, à bien plus forte raison un autre n'en a pas le droit; à bien plus forte raison encore il ne l'a pu donner à cet autre, quelqu'il soit, individu ou société.

Mais, s'il existait, ce mandat étrange, il serait la preuve du délire. Le père conférerait le pouvoir de tuer son fils, et les générations passées nous auraient liés sans droit.

N'est-il pas contradictoire que la société abhorre le crime et qu'elle le commette elle-même ?

Pourquoi la société punit-elle ?

C'est parce que l'homme qui tue son semblable entreprend sur la Divinité. C'est parce que le père qui tue son fils, n'ayant été qu'un instrument dans la création, n'avait aucun droit de propriété. Et, bien plus forte, la société se permet de tuer à son tour, celui qu'elle condamne pour une action semblable !..... Quels sont, à son tour, ses droits de vie et de mort ? Pas plus que ceux qu'elle fait mourir, elle n'a en rien participé à l'œuvre du Père céleste.

Qui donc autorise la société, agissant sans mandat, et contrariant les vues du Créateur ? Il faut qu'elle ait de bien puissans motifs, examinons les.

Ils se réduisent à deux : réprimer les crimes, et en prévenir d'autres.

Les réprime-t-on, et les prévient-on par la peine de mort ? Telle est la question à résoudre.

Le but d'une punition, c'est évidemment de corriger, conséquemment de rendre meilleur. On ne corrige pas le coupable en lui ôtant la vie, seulement on se débarrasse de sa personne. La société n'essaye donc pas de le ramener à d'autres sentimens ; elle préjuge, sans autre examen, qu'un second crime suivrait nécessairement le premier. Mais, alors, que devient cette belle prérogative du droit de grâce ? Le Souverain qui laisse vivre l'homme qui doit infailliblement tuer ses semblables, ne commet-il pas la plus impardonnable des fautes, s'il en est ainsi ? Ou bien suppose-t-on qu'il a vu clairement l'avenir ?

Comment, les jugemens des hommes sont la vérité même, et un autre homme peut déclarer que la crainte du juge serait une chimère ? C'est donc un cadeau du Roi que la conservation de ma vie? Songe-t-on bien à cet aveu ? Est-ce que la tête d'un homme, est-ce que la sûreté de tous dépendrait d'un moment de bonne humeur ou de sensibilité ?

Mais, si l'on a préjugé par la condamnation que le coupable, gracié depuis, ne pouvait devenir meilleur, qu'ainsi, il était nécessaire de le retrancher du nombre des vivans, il commettra donc de nouveaux crimes, ou bien la peine capitale était inutile; le cadeau de la vie fait au criminel sera un funeste cadeau fait à la société, par celui qui pourtant en est le père.

Non, le Souverain n'appelle le droit de grâce le plus beau fleuron de sa couronne, que parce qu'il sait bien que les juges ont pu se tromper, qu'en tous cas, tout espoir d'une meilleure conduite ne peut être perdu.

Le droit de grâce ferait seul la preuve de l'inutilité de la peine de mort, puisqu'elle n'est pas rigoureusement nécessaire à la sûreté du corps social; mais il est d'autres preuves. Toutes les idées religieuses nous invitent au repentir. N'en tarit-on pas les sources? Comment! un Dieu peut m'absoudre si je me repens, et les hommes, qui me répètent cette vérité, ne veulent pas m'en laisser le temps?

Que l'on cesse alors cette ridicule cérémonie de conduire au supplice en conjurant le patient de se repentir, car c'est vouloir plus que la Divinité: c'est douter de ses miséricordes infinies; c'est l'outrager en accordant plus de pouvoir à la science du Roi qu'à la sienne; c'est enfin insulter la victime avec la plus cruelle ironie. Eh quoi ! si le repentir est réellement entré dans son cœur, on admet que la Toute-Puissance a pardonné, et pourtant, on est implacable! ..... Mais, c'est se mettre au-dessus d'elle, et casser ses arrêts; c'est férocité, envie de répandre le sang d'un coupable innocenté.

J'admets maintenant que le condamné n'éprouve pas cette grâce, qui le réconcilierait avec le Père de la nature; qu'il est resté sourd aux conseils de la vertu; qu'il tua son semblable; qu'il fut un parricide. . . . . .

Par la peine de mort on le dispense de souffrir la plus terrible des peines, le tourment du remords. On le dispense du mépris public, cette autre peine si cuisante. On le dispense de souffrir la perte de sa liberté, qui est le premier des biens. On lui rend un signalé service en lui donnant la mort, car son désespoir la lui a fait ou la lui ferait désirer pour s'échapper à lui-même et aux autres.

Croit-on que le parricide ne serait pas autrement puni, que par le feu ou la roue, si la loi le forçait à vivre avec ses remords, en vue du cadavre de son père embaumé ?

Celui-là, qui assassina le bon HENRY, n'aurait-il pas été plus utilement atteint, si, placé à la ménagerie, dans une cage voisine de celle du tigre, il eût été obligé de se laisser voir comme une bête féroce ?

Mais, qu'est-ce donc que la mort ? Rien, ou presque rien, terrible en apparence, c'est bien peu de chose en réalité.

Il joue avec elle, le guerrier qui l'affronte tous les jours. On le fusille à son commandement de feu, et il prie qu'on ne le manque pas.....

Forts de leur innocence, les templiers chantaient des psaumes au milieu des buchers.

Les victimes du tribunal révolutionnaire allaient à l'échafaud comme au triomphe. D'autres, pour mourir avec les êtres qu'ils chérissaient, se décidaient, sur-le-champ, à proférer les cris alors défendus.

Retournez vers la nature, si vous croyez que la civilisation est là pour quelque chose, et vous verrez ce sauvage pris à la guerre, insulter, en chantant à ses vainqueurs prêts à le dévorer.

Comment! cette peine atroce est un bienfait, et pour le coupable et pour l'homme innocent? Mais elle est un moyen légal et sûr de se suicider. Le spléin ne nous apprend-il pas le peu de cas que ses malades font de la vie?

Si la peine de mort n'est bonne à

rien, il faut se hâter de la supprimer.

Je crois avoir démontré que l'on ne punit, et que l'on ne corrige pas en faisant mourir. Examinons maintenant si l'on prévient d'autres crimes par l'exemple du supplice.

Il effrayerait ses semblables, l'assassin qu'on laisserait sur la terre; il serait pour la famille en deuil, le vivant spectacle de l'horreur. . . . .

Que l'on concilie donc cette objection avec la prescription des peines prononcées dans les arrêts criminels. On le voit, parce que le condamné se sera caché pendant vingt ans, il pourra reparaître dans la société, hormis dans le département qu'habite le père de celui qu'il a tué; mais il effrayera bien davantage cette famille désolée qui, peut-être, n'aura qu'une lieue à faire, que l'épaisseur d'une borne à franchir, pour rencontrer l'assassin; car enfin, la loi qui défend à celui-ci l'entrée du territoire, ne défend et ne pouvait défendre aux autres d'en sortir. D'après les délimitations départementales, les habitations peuvent être les plus voisines; chose à laquelle les hommes de la prescription n'ont pas pensé du tout. Que résultera-t-il d'une semblable rencontre? Encore la punition par la mort, du père qui aura vengé son fils, au défaut de la société? Ah! cet homme qui reparaît, effrayera bien plus par le vivant spectacle de l'impunité. Le crime jugé ne devrait pas se prescrire, au contraire du crime seulement en prévention.

Au moins, si le coupable est renfermé, c'est-à-dire puni, la peur de subir son sort sera réellement salutaire.

On dirait vraiment que la société s'est fait ce raisonnement: le condamné a dû souffrir assez pendant vingt ans d'exil et de misère; d'ailleurs il est probable qu'il s'est repenti. . . . . . Cette idée est généreuse, sans doute; mais elle fait la plus amère critique de la prétendue nécessité d'ôter la vie.

La société ne manque pas de dire qu'il serait extrêmement difficile et dispendieux, de garder tous les condamnés dans des lieux de correction. Elle fait là de bien odieuses confessions, puisque c'est avouer que sans la difficulté, la peine pourrait être supprimée.

C'est à la société qui punit, à être assez forte et assez vigilante pour empêcher les évasions. Sans doute, elles sont possibles, faute de soins; mais il ne s'en suit pas que, pour s'en dispenser, il faille se défaire du condamné. Les prisonniers de guerre peuvent échapper au vainqueur; et que dirait-on, si, pour parer à cet inconvénient, il était permis de les tuer? Le droit public

public des nations n'est pas plus sacré que le droit privé des particuliers. Enfin, les condamnés aux travaux sont bien plus nombreux que ceux qu'on fait mourir. Il n'y aurait donc que quelques soins à donner encore.

Je ne m'étonne plus de voir regarder, comme si peu de chose, le coup de carabine du gendarme sur le condamné qui fuit. Il ne pourrait l'atteindre, il le tue. Et que l'on ne me dise point que cela n'est pas vrai, car on ne voit que cela : la société ferme les yeux, et tout s'arrange.

Une vieille femme, boiteuse, avait été condamnée par défaut, à huit jours d'emprisonnement, pour avoir coupé une charge d'herbe dans la forêt d'un particulier. Elle ne fait point rapporter ce jugement, il passe en force de chose jugée. Les gendarmes vont l'arrêter. En traversant une rue de son village (que je citerais si je le voulais), il lui prend envie de fuir. Rien n'était plus facile aux deux gendarmes que de courir après elle. Point du tout, l'un de ces agens de la force, lui tire un coup de fusil et lui casse la cuisse. Comme l'artère avait été ouverte, cette femme malheureuse n'a pas vécu la journée.

Eh bien! il n'en a rien été. Il faisait très-glissant dans la rue, c'était au cœur de l'hiver; en courant, le gendarme s'était laissé tomber, la détente de l'arme était alors partie.... etc., etc.

La crainte de la dépense doit paraître une misérable crainte, c'est la vie d'un homme et un peu d'or dans les deux plateaux de la balance, tandis que Montesquieu démontre que, dans les monarchies, la tête du dernier des citoyens est une chose considérable.

Le motif tiré de l'utilité des exemples est plus spécieux. Je vais l'examiner, parce que c'est celui que tout homme oppose, sans y regarder de plus près.

Savez-vous ce que produisent les exemples donnés sur l'échafaud, ou en d'autres termes, l'énormité des peines? Ils produisent l'assassinat. Conséquemment une nouvelle représentation de cette horrible tragédie.

Je m'explique :

L'intérêt est le mobile des actions des hommes. Je suis intéressé à jouir, je n'ai plus que le choix des moyens. C'est parce que l'on convoite le bien d'autrui que l'on est tenté de se l'approprier. C'est parce que l'on craint une répression trop forte de cette action de voler, que l'on égorge celui qui vient d'être dépouillé.

En Angleterre on n'assassine pas, ou presque pas, dit Montesquieu, les voleurs pouvant espérer d'être transportés dans des colonies, non pas les assassins.

A la Chine, dit encore ce publiciste, les voleurs cruels sont coupés en morceaux, les autres non ; cette différence fait qu'on y vole, mais qu'on n'y assassine pas. En Moscovie, au contraire, où la peine des voleurs est celle des assassins, on assassine toujours. Les morts, y dit-on, ne racontent rien.

Il ajoute : « L'expérience a fait re-
» marquer que, dans les pays où les
» peines sont douces, l'esprit du ci-
» toyen en est frappé comme il l'est
» ailleurs par les grandes. La sévérité
» des peines convient mieux au gou-
» vernement despotique, dont le prin-
» cipe est la terreur, qu'à la monar-
» chie et à la république qui ont pour
» ressort l'honneur et la vertu. Dans
» les états modérés, l'amour de la pa-
» trie, la honte et la crainte du blâme,
» sont des motifs réprimans qui peu-
» vent arrêter bien des crimes. La plus
» grande peine d'une mauvaise action

» sera d'en être convaincu. Les lois » civiles y corrigeront donc plus ai- » sément, et n'auront pas besoin de » tant de force.

» Quelqu'inconvénient se fait-il » sentir dans un état? Un gouverne- » ment violent veut soudain le cor- » riger; et au lieu de songer à faire » exécuter les anciennes lois, on éta- » blit une peine cruelle qui arrête le » mal sur-le-champ. Mais on use le » ressort du gouvernement. L'imagi- » nation se fait à cette grande peine, » comme elle s'était faite à la moin- » dre, et, comme on diminue la » crainte pour celle-ci, l'on est bien- » tôt forcé d'établir l'autre dans tous » les cas.

» Les vols sur les grands chemins » étaient communs dans quelques » états; on voulut les arrêter; on » inventa le supplice de la roue qui » les suspendit pendant quelque temps.

» Depuis, on a volé, comme auparavant, sur les grands chemins ».

N'est-il pas constant en effet que, sans l'excessive répression du vol, l'homme qui se hasarde à cette mauvaise action, ne se trouverait pas dans la situation critique de tuer celui qu'il ne voulait que dépouiller? Un peu d'or pris et la mort du voleur, sont des choses qui ne se compensent pas. Naturellement, la crainte d'une peine exhorbitante, le porte à se défaire de celui qui pourrait le dénoncer; *les morts ne racontent rien*. Et voilà comment l'homme, que la faim conduisit sur les grands chemins, devient un assassin pour échapper au bourreau.

C'est donc dans la modération des peines, et non dans leur énormité, que le législateur diminuera le nombre des crimes; car plus il y aura de risques à courir dans l'action de voler, plus on aura d'assassinats à punir.

Quand l'on pendait une servante pour un écu, un braconnier pour un lièvre, les vols domestiques et le braconnage existaient et se renouvelaient. Toute la différence qu'il y a de ce temps au nôtre, où l'amende et la réclusion sont les peines existantes, c'est que le maître trop sévère courait le risque d'être empoisonné, ou bien le délateur, et le seigneur, pointilleux sur son gibier, d'être assassiné dans une partie de chasse, par les enfans du braconnier pendu.

Maintenant on ne roue plus pour les vols sur les grands chemins, on ne fait même plus mourir, eh bien! on n'y vole pas davantage qu'autrefois, peut-être moins, mais, sur-tout, on ne trouve plus de cadavres dans les champs, malgré nos longues guerres et le licenciement de tant de soldats, à la vérité non pas racolés dans les maisons de débauche, mais citoyens partis en vertu d'une loi pour la défense de la patrie. Conséquemment la société a gagné en changeant cette peine en celle des travaux forcés, puisque le voleur n'a plus intérêt à assassiner pour éviter la mort. Le code pénal de 1810, d'ailleurs, si peu ménagér du sang, offre donc cette amélioration.

L'énormité de la peine fournit les mêmes occasions d'assassinat pour les vengeances particulières, produites par la haine. La punition par la mort, les perpétue dans les familles, et la société n'a plus que des têtes à couper, comme si elle était là pour exploiter les discordes.

Mais, c'est la répression des délits militaires qui est une monstruosité. Çe brave, que ses camarades ont fusillé pour une grappe de raisin, ou parce qu'il n'a pu souffrir patiemment des coups de canne d'un jeune homme sorti de l'école, il sera lui-même l'objet d'une vengeance terrible: car ceux-là qui l'ont fusillé, les larmes aux yeux, saisiront l'occasion de la première bataille pour se satisfaire, et, une balle, qui passera pour être venue des rangs ennemis, fera la fin du délateur ou de l'officier trop sévère.

Des peines graduées, voilà ce que l'humanité réclame.

Il me reste à prouver que la source des crimes est encore plus dans l'impunité que dans la sévérité des peines.

Qu'on examine la cause de tous les relachemens, dit Montesquieu, *on verra qu'elle vient de l'impunité des crimes, et non pas de la modération des peines.*

Cette réflexion est d'un grand sens, elle exprime qu'on n'est pas criminel sans être incité par un intérêt quelconque. Et en effet, c'est (à de très-faibles exceptions), presque toujours l'impossibilité d'obtenir le redressement des torts, qui fait que l'on se rend justice à soi-même.

Au milieu de la civilisation, quand les tribunaux sont ouverts à la plainte, l'homme agirait en sauvage, s'il préservait ses biens, ou punissait ses injures par le droit du plus fort. Mais, si l'impunité règne, on l'autorise à reprendre le droit naturel, sous peine d'être dupe.

C'est donc dans la bonne administration de la justice, celle que la charte dit égale pour tous, que l'on cicatrisera l'une des plus grandes plaies de l'état. Tant qu'il y aura des privilèges devant elle; tant qu'il y aura des fonctionnaires ou timides ou corrompus, vous aurez des vengeances particulières; conséquemment des têtes à couper. C'est trop attendre de l'homme guettré, que la justice éconduit en manant, qu'il soit paisible quand il rencontre l'homme, en bas de soie, qui l'a dépouillé, qui a souillé sa couche, ou qui a suborné sa fille.

Et que l'on ne dise pas que la plainte est écoutée; que le temple de Thémis est ouvert à tous; que l'homme puissant est puni comme un autre. Rien, ou presque rien de tout cela n'existe que dans la charte, et aussi dans les intentions de son auteur.

C'est dans cette inégalité de fait, que résident tous les désordres.

Eh! mais, n'est-ce donc pas un adage vulgaire arrivé jusqu'à nous, que l'on ne pend que les petits voleurs? L'homme vicieux, bien mis, n'est-il pas salué dans les rues? Ne redit-on pas, après l'un de nos poëtes: *La vertu sans argent est un meuble inutile?* Et cette allégorie du bon Lafontaine, qui rendit l'âne comptable du courroux des dieux, pour avoir dérobé de l'herbe, *la largeur de sa langue, dans un pré de moines*, ne nous apprend-elle donc rien ?

Refaisons nos mœurs, déjà meilleures, et la société aura moins à punir.

J'ai déjà démontré, avec l'auteur de l'esprit des lois, que les exemples sur l'échafaud produisent l'assassinat ; je vais maintenant parler de leur complète inutilité, dans le sens qu'on attache à ce mot.

L'expérience des siècles nous apprend que les exécutions ne sont autre chose qu'un spectacle d'horreur ; un sacrifice de sang humain sur les autels de la société, soi-disant civilisée. Elles ne font aucune impression sur la foule qu'attire le bourreau.

Le peuple a vu lapider, crucifier,

couper en morceaux. Il a vu depuis, pendre, rouer, brûler, traîner sur la claie, écarteler, torturer, et la somme des crimes est certainement moindre aujourd'hui, que ces horreurs n'ont plus lieu, que la peine de mort n'est plus que la simple privation de la vie. Qu'a donc produit l'exemple? Rien. Le peuple a vu couler le sang humain. . . . . .

Comment! cette prétendue peur salutaire empêcherait le renouvellement du crime, et les exécutions se sont succédées et se succèdent?

Hélas! tant que l'échafaud sera debout, celui-là, qui vient d'y finir sa carrière, n'empêchera pas un autre homme d'y monter après lui, et celui-ci d'être remplacé par d'autres qui périront à leur tour.

C'est précisément dans la capitale, que l'exemple est le plus fréquemment donné, et cependant c'est là le foyer des crimes. On vole devant le juge, en prison, dans les bagnes, en présence de la guillotine. Et c'est, peut-être, dans la foule attirée à la grève, que le voleur fait ses meilleures récoltes.

Dans les départemens, c'est presque toujours au chef-lieu que le bourreau coupe des têtes, et là, proportions gardées, il y a plus d'occasions de crimes que dans les plus petits endroits. Ces maisons de jeu et de débauche, à Paris et dans les chefs-lieux, ces cafés, ces cabarets, où l'on apprend à voler en buvant à crédit, à faire banqueroute, à piller sa caisse, à aller ensuite sur les grands chemins s'exposer à l'assassinat, sont autant de germoirs des crimes.

Mais encore, que peut donc cet exemple donné si loin de l'endroit où se commettra un autre crime, les passions étant partout? Est-ce que, s'il est bon à quelque chose, il ne doit faire peur qu'aux habitans de la résidence du chef du gouvernement, et de messieurs les préfets ?

D'ailleurs, tous n'assistent pas aux exécutions. Quelle impression font-elles sur l'esprit de l'homme qu'un tel spectacle dégoûte, ou de celui qui n'a pas quitté ses travaux, ou enfin de celui-là qui n'a rien su de ce qui se passait sur la place publique ? Cela ne s'annonce pas à son de trompe, et l'on n'est pas tenu de s'y rendre. Il y a des gens qui ne sont jamais sortis de leur quartier, et qui, pourtant, sont devenus de grands criminels.

Le très-bas peuple seul, se groupe autour de l'échafaud, et l'homme vicieux loue une fenêtre voisine, tout comme on assistait autrefois au supplice du condamné, livré aux bêtes, par le même sentiment que produisent l'oisiveté, l'ignorance et la férocité.

Ce peuple a vu du sang comme il irait voir la comète ou un bateleur ; c'est une horreur qui ne coûte rien à voir. Croyez-vous que ce soit pour lui l'occasion d'une leçon ? Non, vous dira Beccaria :

« *On vient de jouer un drame, et* » *l'on vient d'exécuter un homme. Eh* » *bien ! il arrive que, comme l'avare* » *dont on vient de se moquer sur la* » *scène, retourne à son coffre,* » *l'homme violent et injuste retourne* » *à ses passions et à ses injustices* ».

Cela est en effet inévitable.

C'est pourtant dans cette classe que le bourreau prend les sujets des exemples futurs ! . . . . .

Que l'on instruise les hommes, et quelques misérables qu'ils soient, ils apprendont à modérer leurs passions, à respecter les propriétés d'autrui. Que, surtout, l'administration sache occuper cette vermine mendiante qui nous vient et de l'oisiveté et du désir qu'avaient les anciens couvens de voir constamment à leurs portes des hommes en haillons, on serà alors dispensé de la faire mourir. L'enseignement mutuel nous démontrera plus tard cette vérité...... Les hommes sauront lire les lois, que par fiction ils sont censés connaître; et, quand le peuple s'éclaire, de lui-même il se porte à la vertu.

C'est le moment de le dire, n'a-t-on pas pudeur de couper la tête à un homme qui ne sait pas lire, qui, conséquemment, n'a pas connu les défenses de la société? N'est-ce pas une chose absurde que de supposer cette connaissance des lois dans cet homme, et d'arriver jusqu'à le priver de la vie, sur le fondement de cette présomption légale? Il faut pourtant bien un moyen de conclure qu'une loi est connue, dit-on? Quand il s'agit de verser le sang, je n'admettrai jamais que la fiction remplace la vérité; passe pour toute autre chose.

Et il ne faut pas en douter, l'homme ignorant et pauvre va souvent à l'échafaud par suite des plus petites infractions aux lois.

Un grand seigneur qui fait des exactions, n'y va jamais, lui. Le porte-faix qui vole un écu, parce qu'en rentrant chez lui, il trouvera une femme et six enfans sans pain, c'est un voleur infâme! Ah! il est cependant plus aisé d'être honnête homme quand le besoin ne nous presse pas! Eh bien! ce vol si mince fait jeter le père de famille dans les prisons; il y est sur la paille avec des gens corrompus, le rebut de la société. Quand il aura fini sa peine, il ira sur les grands chemins, et s'il faut assassiner le voyageur, pour n'être pas reconnu, il sait comment il faudra s'y prendre; il est perverti.

Est-ce donc bien sérieusement que l'on espère la refonte des mœurs par l'exemple des exécutions?

L'enfant, que sa mère apporta, il y a vingt ans, devant un échafaud, ne se rappelle autre chose, sinon qu'on l'a fustigé sans l'avoir mérité.

J'admets qu'après des distractions sans nombre, devenu un homme, il se rappelle avoir vu pendre ou guillotiner. Il n'en faut pas conclure qu'il s'est étudié à connaître les torts du criminel, car il n'y a pas du tout songé. Il sait par cœur qu'il sera damné pour des peccadilles; on lui a peint la divinité colère, comme les passions des hommes, mais on ne lui a pas fait peur du juge. Il vaudrait sûrement mieux prêcher sur le code pénal, que de prêcher en latin que Dieu est méchant, tandis que toute la nature atteste que c'est l'être dont la bonté est infinie.

Ce grossier paysan, à qui l'on n'apprend rien, va chanter au lutrin comme ses aïeux, le reste n'est pas son affaire.

Mais je vais plus loin, cet homme sait que le supplice de la mort est le châtiment d'un assassin, d'un parricide. . . . . Il est bien décidé qu'il ne sera jamais capable d'un tel forfait. Chacun, de sang-froid, a cette opinion de soi-même. Cependant, à son tour, il devient criminel. . . . . .

On n'étudie pas le crime, et c'est presque toujours sans avoir voulu tuer qu'on a donné la mort.

Le premier mouvement est une chose terrible. La raison et l'éducation viennent quelquefois le tempérer. Or, tous n'ont ni la raison, ni l'éducation convenables. Chez les uns, il est plus ou moins prononcé, suivant que ceux qui en reçoivent l'impulsion sont plus ou moins efféminés, froids, léthargiques. Chez les autres, chez ceux qui auraient fait des héros à la guerre, il est d'une nature toute différente : on ne peut rester impassible quand le sang bouillonne dans les veines.

L'homme efféminé dissimule l'offense ; il a le temps d'y réfléchir. Si la raison se fait entendre, tout est fini. Dans le cas contraire, voilà l'homme du guet-apens. L'homme robuste et courageux s'exhale à l'instant même ; s'il éprouve de la résistance, la lutte, et non les tribunaux, décide le différend.

La colère n'a pas de souvenirs ! Et d'ailleurs, n'a-t-on pas des momens où la moindre chose produit une si grande irritabilité, qu'elle nous met hors de nous-mêmes, sans motifs plausibles, en apparence. J'ai connu un médecin qui décidait que les vers pouvaient nous porter à un accès de fureur, et qui soutenait que lorsqu'un mal d'oreille était sur le point de se déclarer, l'homme qui allait le supporter, n'aurait pu résister à la moindre contradiction. Il allait plus loin, il affirmait que la bile et les humeurs acres pouvaient, en fermentant, être la cause d'une quantité d'actions réputées mauvaises, et il tirait une partie de ses exemples du suicide, qui, disait-il, n'aurait peut-être pas eu lieu si l'on eut administré un vomitif à l'homme ennuyé de vivre.

Que devient le malheureux vainqueur, si, au lieu de châtier son agresseur, il l'a étendu mort à ses pieds? Me dira-t-on qu'il à mérité la mort parce qu'il l'a donnée? Mais c'est l'intention, et non le fait, qui est punissable. Une ligne plus bas que la tempe, le coup de poing terminait la querelle, et les champions n'y pensaient plus le lendemain. Une ligne de plus, voilà un homme qui va servir d'exemple à son tour. . . . . .

Entre un délit et un crime, la différence n'est donc quelquefois autre chose que la manière de faire tomber, soit sur l'herbe, soit sur un caillou.

Quel est pour cet homme, le résultat d'une exécution dont il perdit le souvenir? Est-ce qu'on peut dire: tant pis, il devait en garder mémoire? Cela ne s'arrange point ainsi dans notre chétif individu, puisqu'il est malheureusement certain que, même sans se fâcher, la mémoire se perd et ne revient plus. Perdre cette faculté par vétusté de l'organe, par maladie, ou autrement; ou bien, qu'elle soit suspendue, parce que la corde du délire est en vibration, c'est exactement la même chose, et certes, on ne peut l'imputer à l'individu.

Deux hommes du monde vident

leur querelle au pistolet; ils en connaissent bien, eux, le résultat possible; mieux que ce qu'ils appellent la canaille; ils savent qu'il est défendu, sous peine de mort, d'ôter la vie à son semblable; ils ont eu le temps d'y réfléchir; ils sont tellement de sang-froid, qu'ils n'oublient aucune des règles de la politesse: cependant ils se brûlent la cervelle. Le vainqueur assassine, en présence de témoins, sans monter à l'échafaud. Est-ce que le barbare préjugé de l'honneur change de nature quand deux hommes du peuple se battent à coup de poing? Tout n'est-il pas relatif chez les hommes? On dirait que l'honneur est dans le canon d'un pistolet. Cependant, à mon avis, rien n'égalise les hommes comme les vertus et les crimes. Le porte-faix est l'égal du prince, s'il est vertueux ainsi que lui, chacun dans sa sphère. Le grand seigneur dans un un bagne, ou balayant les rues, n'est à mes yeux que le camarade du galérien auquel il est attaché, malgré son chaînon d'or à la jambe, fût-il même, dans le temps, le décroteur de ses domestiques.

La puissance des souvenirs, je le répète, est absolument nulle chez un homme en fureur. Notre organisation ne peut changer au gré des moralistes.

Emporté par l'ardeur du combat, le guerrier ne sent pas toujours le coup qui le blesse mortellement. Il passerait au travers des flammes, sans songer un instant qu'il peut se brûler. Et n'avons-nous pas vu des hommes, dans des momens de calamité publique, quand toute l'ame est en action, doubler, tripler leurs forces, sans calculer qu'ils peuvent écraser sous le poids? Faites-leur exécuter le lendemain la même chose, quand ils seront de sang-froid? Ils pèseront les conséquences; ils se rappelleront le tarif de leurs forces; ils ne s'exposeront plus.

Cette puissance des souvenirs arrêta-t-elle ce fanatique qui assassina Louis XV ?

Cependant on avait exécuté Ravaillac, pour l'assassinat du grand Roi.

Cet apparent sang-froid de l'étudiant Sand, l'empêcha-t-il de tuer Kotzbüe? Cependant on exécute en Allemagne. Et, avant eux, ce républicain farouche, raisonnait-il quand il poignardait César?

Tous étaient dans une fièvre délirante, excluant les souvenirs. L'un se dit l'envoyé de Dieu; l'autre croit sauver la liberté et Teutonia; l'autre veut affranchir son pays de la tyrannie. La roche tarpéienne, les écartellemens, les tortures, le coutelas qui décapite, sont loin de ces têtes volcanisées, ils ont bien autre chose à faire qu'à songer à cela.

Si le premier mouvement, la fureur et la rage n'ont pas de souvenirs; si le fanatisme est aveugle; si nos infirmités nous privent de la mémoire, à quoi servent les exécutions, et, par suite, les exemples? A rien, qu'à mettre l'humanité en deuil et à outrager le Créateur.

Heureusement nos mœurs changent depuis un demi-siècle. Déjà on ne pend plus pour six francs. La vie des citoyens n'est plus à la merci d'un bailli de haute justice. Les fourches patibulaires ne sont plus des signes de toute puissance près de l'avenue des châteaux. Elles n'épouvantent plus le laboureur, qui peut tuer à son aise le cerf qui ravageait sa récolte. Le Roi martyr nous a délivrés de la torture; l'inquisition ne brûle plus que des livres, et le Roi législateur a adopté le jury dans la charte.

Ces améliorations, nous les devons à la philosophie, contre laquelle cependant, se ruent tant de gens qui marchent à rebours, comme si les intérêts de l'humanité n'étaient pas les leurs. . . . . . .

Puisse bientôt le flambeau de la raison, dissiper tout-à-fait les ténèbres qui nous enveloppent encore. Oui, je l'espère, il n'est pas loin, le temps où les hommes comprendront enfin que la peine de mort doit être retranchée de notre législation criminelle comme une impiété, puisqu'elle n'a point souillé la plume du Prince, dans la charte, et qu'il a dit, dans son préambule, avoir dû apprécier les progrès toujours croissans des lumières. . . . . .

C'est une chose bien remarquable qu'aucune de nos constitutions n'a, non plus, érigé en principe, l'existence nécessaire de cette peine. On dirait qu'une sorte de pudeur s'y est toujours opposée. On ne la trouve que dans des lois de second ordre, toujours révocables, à mesure que les peuples s'éclairent.

Voyons maintenant si la société est capable de prononcer un jugement d'un si haut intérêt. J'admets qu'elle est pure, qu'elle a institué des magistrats intègres, et que le jury est parfait. N'est-ce pas elle qui poursuit, qui témoigne, qui instruit, qui juge et qui exécute, tout cela avec le bandeau le plus épais sur les yeux?

Mais, qu'est-ce que la société?

Tous les hommes naissent égaux. Le bonheur et le malheur sont leur partage commun. L'intelligence qui les met au-dessus des animaux, fut donné aux uns comme aux autres. Si toute la nature semble leur être assujettie, le terme de leur pouvoir est la jouissance respective des biens. Enfin, l'homme destiné à régner sur toute la nature, n'est qu'un Roi, dont un autre homme est l'égal. Il peut tout ce qu'il veut, en tant qu'il ne nuit point à son frère. Doués de raison, je les vois spontanément reconnaître l'existence du maître de la nature, s'agenouiller devant sa toute puissance, et s'embrasser ensuite comme enfans du même père.

Si, en effet, un Etre supérieur descendait sur la terre, il ne pourrait s'empêcher de sourire de nos orgueilleuses prétentions. Dépouillés à nu, et vus au microscope, le maître et l'esclave ne seraient à ses yeux, qu'une seule et même argile. Je n'y vois aucune différence, absolument aucune, s'écrierait-il : l'un n'a pas le plus petit grain de cervelle de plus que l'autre; tous deux ont besoin, pour vivre, de la même quantité d'air ; leurs deux cœurs battent à l'unisson ; la douleur les affecte de la même manière ; le sang de l'un n'est pas blanc et celui de l'autre rouge ; il circule dans des canaux semblables, en égal nombre, et produit les mêmes effets ; tous deux sont obligés de manger pour exister ; tous deux sont obligés de finir, sans qu'ils puissent dire non, lorsque l'ordre divin tranche, à tour de rôle, le fil de leurs jours.

Si cependant, pressé de décider, il devait, dans ces deux hommes, désigner le maître, il les ferait revêtir de leurs habits, et, pour leur faire plaisir, il prononcerait d'après la richesse des étoffes. . . . . .

Mais, que deviendrait l'orgueilleux, mécontent de ce jugement, si cet Etre lui disait en outre : ne sois fier que de tes facultés intellectuelles, car, quant à ta conformation phisique, tu n'es pas plus riche que les animaux, puisqu'ils ont été jetés dans le même moule, et que tu as été obligé d'entrer dans le système général de la vie : tu as du sang, des nerfs, des os, de la cervelle, un cœur, des yeux, etc., ils ont tout cela comme toi, et il a fallu autant de façon pour eux que pour ton chétif individu...... Mais sois fier de ce qui, pourtant, te distingue de la masse, tu as une ame!..... Tous trouvent leur fin en toi, mais ta fin, c'est Dieu même!..... Tu es le dernier anneau de la chaîne des êtres; l'orang-outang, qui te précède, qui est absolument fait comme toi, que l'on dit être l'homme dégénéré, n'appartient qu'à l'animalité dont il est le terme, puisque l'intelligence lui a été refusée. Il est là, comme pour te montrer l'énorme distance qui le sépare de tout ce que Dieu t'a donné, et n'a donné qu'à toi et à tes autres frères, noirs, cuivrés, basanés, petits ou difformes, que, pourtant, tu te permets de vendre et de rendre esclaves, parce que tu ne vois en eux que le phisique?

Le sang de ces créatures humaines, sera-t-il encore long-temps un sang vil qu'on croit pouvoir répandre impunément? Que trop, peut-être, puisque la traite s'étend maintenant aux blancs....... Le commerce, l'indigne commerce sur les hommes, se fait aujourd'hui publiquement sous les yeux de l'autorité. Il y a des compagnies qui achètent les citoyens comme toute autre marchandise, pour les revendre à ceux qui les font tuer! C'est là ce que j'appelle la traite des blancs, que l'on devrait aussi abolir parce qu'elle nous dégrade de notre dignité d'hommes.

En peignant la société naturelle, je n'entends pas critiquer nos distinctions sociales, car elles sont fondées sur la plus pure essence de nos facultés morales ; seulement je dis qu'elles ne doivent pas nous aveugler au point d'entreprendre sur la divinité qui, seule, a créé, tandis que nous ne savons que détruire, sans qu'il nous soit possible de rien édifier.

Je conçois, parfaitement, que la paresse doit être honteuse devant l'industrie; la lâcheté devant le courage; le vice devant la vertu.

Ainsi, celui-là qu'un travail opiniâtre rend utile à ses concitoyens, depuis le laboureur jusqu'à l'abbé Sicard, a plus de mérite que celui qui se croit une mesure de capacité, qui ne vit que pour manger...Il ne songe qu'à lui.

Celui-là qui défend le mieux les propriétés communes, soit contre les animaux, soit dans les invasions du territoire, est naturellement au-dessus de celui qui l'admire et qui vient prendre part aux résultats.

Celui-là qui brille de l'éclat de la sagesse, commande le respect à tout homme qui rougit en sa présence.

Ces trois qualités d'hommes ont certainement été nobles avant l'invention du parchemin.

Je dis donc que les hommes peuvent bien être dans une inégalité parfaite au moral, sans que jamais leur supériorité leur ait conféré le droit énorme de disposer de la vie de ceux qui n'ont pas assez fait pour leur ressembler. Qu'en jugeant à mort, les liens et les droits de la nature reparaissent pour repousser tout ce qui ne vient pas du créateur.

Pourquoi les hommes sont-ils incapables de prononcer, au lieu et place de Dieu, sur une matière si grave ?

C'est que la faiblesse de leur vue ne va pas jusqu'à lire dans les consciences; c'est qu'ils sont imbus de préjugés, et dominés par leurs passions; c'est enfin, parce que les plus sages ne sont pas précisément ceux qui jugent.

Cet aveugle qu'une troupe de fous importune, se venge sur le premier passant qui le heurte, c'est nécessairement lui qui criait le plus fort; un sourd le lui a dit.

Nos ancêtres ont proclamé que celui qui tue doit cesser de vivre; sans savoir pourquoi; sans nous donner la peine d'y regarder de plus près, nous avons fait écho.

Les hommes s'instruisent comme les perroquets, ils répètent ce qu'ils entendent souvent. C'est après des milliers de siècles que les préjugés ont été attaqués. N'avait-on pas le jugement de Dieu par le feu et l'eau? Mais qu'on brûle nos bibliothèques, vous retrouverez des livres vivans pour vous remettre sur la voie. Valverde fit dépeupler le Pérou, l'évangile à la main, parce que ses habitans ne savaient pas lire. Ses exploits sont aujourd'hui des horreurs; les prétendus criminels étaient innocents. Cependant; bien que mieux éclairés, les hommes redeviendraient à peu près les mêmes dans une guerre de religion. On l'a vu à la révocation de l'édit de Nantes, et encore depuis. L'inquisition ne brûle plus d'hérétiques, *ad majorem gloriam Dei*, mais que l'Espagne retombe sous le pouvoir monacal, et les anciennes traditions releveront les bûchers. Je plaignais un jour le sort des templiers; un fanatique me tança vertement, en m'objectant qu'ils étaient manicheens. Que l'on fasse encore un procès de ce genre, et voilà un homme qui sourira à la purification par le feu.

L'Empereur Antoine faisait condamner les mathématiciens au supplice des bêtes; il disait, livre IX, titre XVIII au code intitulé : *des empoisonneurs, des mathématiciens, et des autres criminels de cette sorte, que la géométrie était utile, mais que la mathématique était un art damnable.* Aujourd'hui, nous avons une école polytechnique, mais n'a-t-il pas fallu traverser tout ce temps des sorciers, qu'heureusement on ne brûle plus, parce qu'on a reconnu qu'on peut avoir de la dextérité sans être en commerce avec le diable. Eh bien! il y a encore beaucoup de gens qui se signent en parlant de sorciers ou de revenans. Ils ne semeraient pas des petits pois sans consulter la lune; ils ne se mettraient pas en route le vendredi; la rose de Jéricho leur prédit l'avenir, et en l'attendant, ils prêtent à dix pour cent.

Il a fallu une loi pour détruire un préjugé barbare. Les fautes sont personnelles, et vous trouvez toujours des sentencieux qui vous disent à l'oreille : tel père tel fils.

Autrefois on punissait de mort l'action que l'on punit aujourd'hui de simples peines correctionnelles, ou au plus de la réclusion. Qui nous garantit que, comme dans ce temps, l'on ne se trompe pas encore sur les autres cas où on applique toujours la peine de mort?

Ne venons-nous pas d'entendre le jury de Londres qui supplie qu'on ne fasse pas mourir ceux qu'ils ont condamnés sur le fondement que la peine de mort est la peine infligée pour des actions si différentes par leur nature, que s'il en est qui doivent être ainsi réprimées, il en est d'autres où la nécessité n'existe pas?

Ouvrons nos codes, chez nous c'est la même chose. Il semblerait qu'une peine si terrible devrait être réservée aux plus grands crimes ; eh bien ! on l'applique indistinctement, sans mesure comme sans discernement à l'action et à la tentative, à l'assassinat et à l'incendie d'une loge de jardin.

A Neufchâteau, en Vosges, on a guillotiné un homme pour un incendie de ce genre, par application de l'article 434 du code pénal, portant que ceux qui auront volontairement mis le feu à des édifices, navires, etc...... C'était réellement une loge de jardin, tout-à-fait hors de la ville......

Voilà un exemple des vices de la loi. La vie des hommes est-elle donc si peu de chose?

D'après le même article, on pourrait guillotiner celui qui aurait mis le feu dans la dernière meule de foin. Ces herbes, entassées sur le pré, sont des récoltes en meules. Incendier une forêt ou un tas de foin, la différence est grande, pourtant.

Quand, plus tard, et toujours plus éclairés, les peuples restreindront de nouveau les cas de l'application de la peine de mort, quels horribles reproches ne pourra-t-on pas nous faire, par exemple de l'espèce de ceux que nous faisons à nos devanciers?

La société se tire de-là en s'écriant que l'erreur est de l'humanité!..... On dirait que ce qui devrait le plus rassurer les hommes, est là, comme un prétexte, pour continuer d'errer. Une confession de cette nature, qui réunit cet autre adage: que tout ce qui est au jugement des hommes, est toujours incertain, n'est-elle pas l'aveu de la turpitude?........ Oui, sans doute, l'homme peut se tromper, mais c'est précisément ce qui devrait le mettre en garde contre ses institutions dans des matières si graves, puisque nos garanties d'aujourd'hui viennent attester qu'on aurait dû y voir plus clair avant d'envoyer tant de gens à la mort.

Si le principe que je pose est vrai quant au législateur, il l'est bien davantage encore quant au juge qui applique la loi. Ce serait une grande absurdité de convenir du principe, et de nier les conséquences. L'homme qui juge est bien autrement embarrassé que celui qui fait la loi, et certainement il n'y voit pas plus clair. Cependant le législateur suppose qu'il ne se trompe pas, lui qui a tant à faire pour arriver au vrai; qu'il est incapable de prévariquer, et il y a des lois sur la corruption des magistrats. Il fait mieux, il suppose qu'on ne trompera pas le juge, et il sévit contre les calomniateurs, contre les faux témoins, qui sont punis de mort, si la mort a été la suite de leur dol! Que de contradictions choquantes entourent l'homme à l'audience, et l'escortent au supplice, sauf à punir les faux témoins et les juges prévaricateurs!

Autrefois les gens de robe avaient bientôt fait d'expédier un homme. Habitués à condamner à mort entre deux digestions, comme les chirurgiens à couper des jambes, ou les curés à assister aux enterremens, ils se tiraient de leurs erreurs avec des aphorismes. Un seul témoin ne suffisait pas pour faire agir l'outil du bourreau, mais s'il y en avait deux, ils trouvaient la pendaison équitable; tant pis pour ceux qui se sont damnés en déposant.

Aujourd'hui ce n'est plus cela; cent témoins *de visû*, *de auditû*, sont absolument nuls sans la conviction des jurés qui ne dorment pas à l'audience, dont la sensibilité n'est point émoussée. L'affiche qu'on lit dans leur chambre, est l'acte d'accusation le plus formel contre les arrêts à deux témoins du temps passé.

Cet acte d'accusation ne fait-il pas frémir quand on songe que si l'on prend plus de précautions, c'est qu'on se trompait nécessairement autrefois ?

Mais, malgré cette heureuse innovation, la société qui se contredit toujours, a des conseils de guerre, et des cours prévotales qui jugent sans appel. Les hommes peuvent se tromper sur un procès civil, mais sur un procès dont l'issue est la perte de la vie, cela n'est pas possible. Au moins s'il n'y a pas d'appel d'une décision du jury, on a la consolation de penser que c'est la conviction intime qui a prononcé la sentence, *bien qu'il y ait tant à dire encore*, tandis que dans ces tribunaux d'exception, il ne faut pas plus de vingt-quatre heures entre l'instruction et le supplice, et toujours par des hommes habitués à faire cet office. Une guillotine permanente se promène et moissonne à tort et à travers, *on n'aurait pas le temps de chercher à voir clair*, et d'ailleurs, qu'est-ce qu'un homme de plus ou de moins dans des temps de troubles? A l'heure qu'il est on raisonne ainsi dans la Turquie, mais au moins c'est là la terre classique du despotisme et de l'habitude d'étrangler les hommes.

J'ai vu un militaire digne des fonctions de bacha. En 1809, les Autrichiens détruisaient, avec des bateaux chargés de pierres et de boulets, le pont mobile établi sur le danube, vers l'île de Lobau. Chacun alors paraissait suspect d'espionnage. Il arriva qu'un directeur d'hôpital vint en habit bourgeois près du pont, à tous momens rompu. Les patrouilles en font un espion; on le conduit devant l'officier, et sans autre forme de procès, sans s'enquérir de rien, il ordonne que cet employé soit conduit *sous les arbres* pour y être fusillé. J'ai le bonheur de me trouver sur son chemin, au moment où on le conduisait à la mort, il me reconnait et supplie qu'on m'entende. A mon tour je fais tant que j'obtiens de faire revenir et l'homme et ses gardes devant l'officier. J'étais en uniforme. Je fais connaître le prétendu espion pour un bon français, et j'offre de me constituer prisonnier à la garde du camp si j'en ai imposé. Eh bien! me répond-on, tout cela est inutile, qu'il s'en aille si ce que vous me dites est vrai. Je l'emmenai bien vite, et pendant plus de deux lieues, je ne pus obtenir une seule parole de ce malheureux, qu'une minute et une rencontre fortuite avaient sauvé de la mort. Ce ne fut qu'à Vienne qu'il retrouva ses facultés pour pleurer sur mon sein !...

Croirait-on que l'habitude des camps fait trouver cela tout simple? Il y a de très-braves officiers qui vous diront que la mort d'un homme est un très-petit malheur. Mais où donc est la nécessité de faire mourir sans recourir aux informations? Je conçois que, peut-être, dans un moment périlleux, l'on peut tirer sur un homme que l'on juge être un espion, parce qu'il importe au salut de l'armée de le sacrifier, ne pouvant l'atteindre; mais quand il est dans les mains de l'autorité, cette nécessité n'existe plus; il ne peut plus nuire s'il est mis à la garde du camp, et rien n'est plus aisé que de l'y faire conduire, puisque pour le fusiller il faut bien l'avoir arrêté.

Et c'est la société composée de tels élémens qui dispose de la vie des hommes?

Ah! Voltaire dit avec raison, dans

le dictionnaire philosophique, tome 47e, page 133e. *Il n'est permis d'affirmer, de décider, qu'en géométrie. Partout ailleurs, imitons le docteur Métaphraste de Molière: — Il se pourrait; — la chose est faisable; — cela n'est pas impossible; — il faut voir*, etc.

Mais celui-là que vous immolez, en vous constituant vengeurs d'un Dieu rempli de bonté, vous le frappez en aveugles. Le crime que vous et vos préjugés lui imputez, il ne l'a pas commis. Ne dit-on pas froidement tous les jours: Il vaut mieux sauver cent coupables que de faire périr un innocent? Qui donc garantit que celui-là qu'on guillotine, est précisément le coupable qu'il ne faut pas absoudre? On frémit à cette idée que les hommes avouent qu'ils peuvent se tromper, sauf à réhabiliter la mémoire. . . . . . .

Non seulement, l'erreur peut dicter

ter la condamnation, mais, je vais plus loin, et je dis que, coupable même, l'homme n'est point sous la juridiction de la société, quand il s'agit de le faire mourir. Enfermez, séquestrez les incorrigibles qui la troublent, mais, dans votre pouvoir excessif, ne vous mettez pas à la place de Dieu, car il vous désavoue.

Pendant vos apprêts homicides, Dieu fait des miracles dans l'intérieur de la victime. Les derniers alimens qu'elle a pris au milieu des angoisses et des sueurs froides, ce même Dieu que l'on outrage, les emploie encore. La hache va faire tomber une tête qui, quelques minutes de plus, allait se colorer de la circulation du sang renouvellé. Le plus pur extrait de ces mêmes alimens, se distille en liqueur, et va prendre place dans les réservoirs de la vie, quand vous frappez de mort. Un héros devait peut-être descendre de ce criminel méprisé; et qui vous dit que celui-là même ne sera pas l'instrument de la providence pour préserver les jours du prince?

Cette main invisible qui opère toujours, ne vous apparaît-elle pas comme la main d'Archimède? Et, de même que cet homme disait aux barbares venus pour le tuer: *Laissez achever le problême*, Dieu ne vous dit-il pas: ne trouble en rien mon travail, tu ignores mes desseins?

On m'a cité les animaux, que nous tuons quand cela nous plaît, sans penser contrarier la divinité. Mais on oublie que leur fin c'est l'intérêt de l'homme, tandis que la fin de l'homme n'est pas celle de l'intérêt de son semblable, mais bien du père de la nature. . . . . . . A ce compte, les plantes sont aussi animées par la végétation, qui n'est autre chose que la vie donnée et entretenue par la main divine. Nous n'oserions donc toucher à rien quand tout nous a été donné pour notre subsistance, quand, surtout, nous avons des dents incisives?

On m'a cité la guerre et ses désastreux résultats, mais c'est comme si l'on entendait justifier un abus par un autre abus. Sans doute, et j'en tire une preuve de plus de leur déraison complète: les hommes font, sur les champs de bataille, des sacrifices de sang humain, des boucheries horribles, bien au-dessous de l'animalité! car au moins si tous les êtres se détruisent dans la nature, ceux de la même espèce semblent accuser les hommes.

Qui autorise les hommes à s'entre-détruire? L'abus du droit de la force, et pas autre chose. Les victimes sont là des automates bien *extrâ* le cercle de la querelle. Certainement ceux-là n'étaient pas coupables; ils n'étaient pas cause de l'injure faite à un valet de l'ambassadeur, ou de l'intrigue d'une courtisanne ambitieuse. . . . . Il faut plaindre les auteurs du carnage, car ils cèdent à leurs passions.

Mais quand la société agit par voie de jugement, elle se donne un faux air de sagesse et de divinité, qui la rend tout-à-fait ridicule.

Il faut examiner à présent les élémens de la conviction, en vertu de laquelle on guillotine un homme sans rémission.

Il semblerait que le jugement à mort, ne devrait être prononcé que par le plus sage de tous, ou qu'au-moins il ne devrait être exécuté qu'après sa révision. Mais non, les mêmes magistrats qui informent pour le vol le plus chétif, informent aussi pour la répression des grands crimes; et ils sont encore secondés de la même manière par leurs subalternes.

Un garde champêtre ou un gendarme rédigera, fera rédiger, bien ou mal, s'il ne sait pas écrire, tout ce qu'il aura appris d'un assassinat. Il fera les premières perquisitions; il amplifiera des déclarations; *nouveau Lavater*, il aura cru voir rougir ou pâlir le prétendu coupable. Voilà une pièce de laquelle part un juge d'instruction que le mauvais temps empêche d'aller sur les lieux, ou qu'une partie retient en ville, si c'est un jeune homme. Si cependant ce juge fut parti sur-le-champ, il aurait vérifié, rectifié. Il se serait emparé des circonstances à décharge comme des autres, et ces choses qui se perdent plus tard, eussent peut-être sauvé le prévenu.

A la session des assises de la Meurthe, où j'assistais cette année comme juré, j'ai été frappé de la déposition d'un commissaire de police, dans un procès pour faux en écritures, contre un homme de Nancy.

Cet homme, a-t-il dit, *passait pour avoir tué sa mère. Tout le quartier l'accusait de ce crime, et moi-même je le croyais. Je me rendis chez lui, et je lui demandai pourquoi il avait du sang sur ses habits? Il me montra un canard encore tout fraîchement tué; cela dissipa, non pas tous mes soupçons, mais au moins celui particulier que je formais.*

Si donc cet homme accusé par la voix publique, n'avait pas été vu sur-le-champ par un fonctionnaire investigateur; s'il eut été arrêté et conduit en prison avec ses vêtemens du jour, sans autres recherches, il serait sûrement demeuré constant que le sang dont il était taché, était une preuve du crime, car quels moyens les hommes auraient-ils eu pour discerner du sang d'avec du sang?

En fait de circonstances aggravantes ou à décharge, on ne peut être trop minutieux; l'histoire de la famille Calas est là pour me servir d'autorité. Eh bien! dans ce temps on n'a pas reconnu que Calas fils était encore poudré, frisé, et point du tout dérangé dans sa toilette, lorsqu'on le trouva pendu. Il était pourtant naturel de penser que cela excluait la violence. Les Lebrun, les Montbailly, et tant d'autres seraient autant d'autorités.

Entre mille exemples donnés par la société, j'en veux citer quelques-uns sur l'utilité des bonnes informations.

Le roulier Martin vient loger chez l'aubergiste Buzenet, à Bleurville, près Bourmont en Bassigny. Il est à peine au lit, qu'un ecclésiastique, frère de l'aubergiste, descend aussi dans la maison. Buzenet fils conçoit l'horrible dessein d'assassiner son oncle, qu'il savait en argent.

Comment s'y prend-il? Il monte dans la chambre de Martin, prend les souliers ferrés de cet homme et son couteau. Le curé était logé dans un pavillon, à l'extrémité de la cour; il venait de tomber de la neige.

Le forfait consommé, Buzenet remonte l'escalier, remet les souliers sous le lit de Martin, et son couteau ensanglanté, dans la poche de sa roulière.

Le lendemain l'assassinat s'ébruite, la justice entoure la maison, on arrive dans la chambre de Martin qui dormait. Les degrés mouillés y conduisent. Ses souliers neigeux et tachés de sang; son couteau qui en dégouttait, sont des indices sûrs. Et quand on adapte les souliers aux empreintes qui sont dans la neige, il n'y a plus le moindre doute, car il y avait des clous manquans aux mêmes places.

Martin a été rompu vif, et, peu après, Buzenet a avoué sur l'échafaud, où un second crime l'avait amené, qu'il était l'assassin de son oncle!......

La mémoire de Martin a été réhabilitée!...... A Bourmont et à Neufchâteau, tout le monde sait par cœur cette déplorable affaire.

N'est-il pas vrai de dire qu'il n'était pas présumable que Martin pût être trouvé endormi, qu'il n'eût point lavé ses souliers et son couteau, qu'il n'eût pas pris la fuite? On n'a songé à tout cela qu'après l'exécution. Ou bien si cela fut remarqué, l'on ne manqua pas d'objecter: qu'il feignait de dormir pour mieux en imposer; que quant aux souliers et au couteau, le coupable ne pense pas à tout, que la providence veut de ces négligences pour la découverte des crimes, etc.

Je me rappellerai toute ma vie que je faisais une victime sans la bonté d'une loupe d'horloger. Un vol avec effraction avait été commis chez un marchand. Le comptoir, le secrétaire, et à l'extérieur, les croisées, tout avait été fracturé à l'aide d'un ciseau de menuisier. Dans les recherches domiciliaires, l'officier de gendarmerie qui m'accompagnait, trouve un ciseau de ce genre, chez un individu désigné. Par un hasard bien singulier, ce ciseau semblait avoir été caché à dessein, puisqu'il était au fond d'une corbeille remplie d'orge, tandis que d'autres outils étaient tous en évidence. On s'empare de la pièce, on l'adapte à l'empreinte laissée sur trois fractures, et c'est bien là l'instrument dont le voleur s'est servi, du moins on se le persuade. Je crois remarquer, à la simple vue, que l'empreinte offre partout une légère trace, toujours à la même place, comme si le ciseau eût dû être édenté. J'envoie sur-le-champ chercher une loupe, et je m'assure que je ne m'étais pas trompé. Par le plus grand bonheur, le ciseau trouvé caché était absolument neuf, et la rouille dont il était couvert, attestait qu'on ne l'avait pas fait aiguiser pour ôter la brêche. A mon retour, je fus chez un marchand, et j'y trouvai bonne quantité de ciseaux de même hauteur et largeur, de semblable dimension.

Sans cette investigation minutieuse, le prévenu était arrêté, la chambre de compétence eût sans doute fait grand cas de ce témoin muet, et l'on ne sait ensuite ce qui serait arrivé.

Admettez maintenant que je n'avais pas une vue aussi perçante, *car voilà tout mon mérite*, je ne faisais pas la remarque et je ne passais pas pour avoir été *prudent*. Pauvres hommes qui jugeons à mort, à quoi la faiblesse de nos organes ne nous expose-t-elle pas ?

A la pointe du jour un mendiant trouve un homme assassiné sur la route, sans doute par suite d'une vengeance particulière, car sa montre est en évidence. Ce mendiant la prend, ainsi que l'argent et les bijoux, mais il se tache les habits par leur frottement sur la plaie. Il n'était qu'un homme cupide.

Une heure après il est arrêté porteur des effets du mort. C'est un mendiant ; on ne sait ce dont il est capable. D'ailleurs, tout dépose contre lui. Comme il ne se dissimule pas qu'il paraîtra suspect, il veut prendre la fuite ; c'en est assez, c'est l'assassin, on l'a vu pâlir à l'approche des gendarmes, etc. Il n'en faut pas tant pour le conduire à l'échafaud, et alors on néglige toutes autres informations qui mettent à l'abri le véritable coupable.

J'ai vu une procédure instruite sur le seul procès-verbal d'un maréchal-des-logis de gendarmerie. Le rédacteur y mentionnait que le portier de la ville lui avait dit avoir ouvert la porte au prévenu vers onze heures ou minuit, et qu'il *avait l'air effaré.* Devant la cour, le portier démentit cette circonstance aggravante, en faisant observer qu'il était impossible qu'il eût pu faire une semblable remarque, puisque la nuit l'en eût empêché. Le gendarme ne put répondre, et l'avocat l'apostropha en lui demandant s'il croyait qu'un procès-verbal ne pouvait être dressé sans qu'il fût assaisonné.

Ce procès-verbal pouvait perdre le prévenu, il l'a sauvé.

Mes affaires m'appellent chez un homme avec lequel je suis brouillé. On sait que nous sommes ennemis, j'ai même eu l'imprudence de le menacer dans une querelle. Au moment où j'entre dans sa chambre, je le vois disposé à se brûler la cervelle. La pitié m'oblige à le désarmer. Le coup part dans la lutte; c'est moi qui l'ai tué. Tous les jurés possibles diront: oui l'accusé est coupable, car, peut-être, la prévention aura produit cet effet, qu'on n'aura pas songé dans l'instruction à scruter tous les derniers momens du mort, et ma conduite dans la même journée.

Ce juge d'instruction qui interroge le prévenu, entend des témoins, a-t-il la connaissance du cœur humain? Rendra-t-il bien ce qu'on a réellement voulu dire? Son interprête ne fera-t-il pas le docteur dans sa manière de rendre une déposition faite en langue allemande? N'aura-t-il pas un greffier qui dira: *cela ne va pas bien comme cela;* voudra faire des phrases sous prétexte que cela est plus sonore que dans le langage du déposant, tandis qu'on devrait copier, fût-ce même un mot de patois mal compris, mais qu'un juré expliquera, et qui n'aura pas la force que le langage ordinaire lui donnerait ?

Quelquefois il arrive que des pièces d'information, faites à la hâte, viennent lier, et celui qui les a rédigées et celui auquel on prête un propos. L'un se gardera bien de convenir qu'il a peut-être mal ouï, l'autre répétera ce qui est écrit sans y mettre plus d'importance, quelquefois par crainte de passer pour un menteur. Qu'est-ce que cela fait à l'homme sans caractère ? . . . . Voilà comme on remarque que l'accusé varie, qu'il est en contradiction avec lui-même, s'il vient à dire autre chose que ce que les phrases du greffier lui auront fait dire, parce qu'on ne l'aura pas compris.

Et il n'y a pas à y regarder de trop près en cette matière des informations; la chambre de compétence décide, sur les charges écrites, s'il y a lieu à renvoyer devant la cour d'assises, et la chambre des mises en accusation n'a pas d'autres documens.

Le témoin dépose, il va dire quelque chose qui jetera la plus grande clarté sur l'affaire, mais le greffier fait des formules. *Attendez que j'aie écrit la tête de l'enquête.* — Le témoin est ensuite invité de répéter ce qu'il avait commencé de faire connaître, mais il ne s'en rappelle plus, sa mémoire le trahit, on l'a intimidé. Laissez là vos têtes, dirais-je à ce greffier, écrivez vite et soyez poli, le reste se fera à loisir.

Mais qu'est-ce encore que les dépositions des témoins?

N'a-t-on pas vu mille fois qu'une personne a été prise pour une autre, parce qu'elle lui ressemble, et par la taille et par les manières? Combien de fois n'a-t-on pas cru reconnaître quelqu'un à la voix?

Les témoins sont pris dans toutes les classes de la société. Les uns sont des enfans qui ne sentent point la conséquence de ce qu'on leur fait dire. Les autres sont des vieillards dont la vue, l'ouïe, les sens peuvent être émoussés. D'autres sont des femmes cherchant à faire de l'esprit, qui ont des attaques de nerfs, des vapeurs, qui s'évanouissent dans un auditoire, après des réticences, des aveux et des rétractations. D'autres sont dans la fougue de l'âge, des jeunes étourdis, légers, inconséquens, désirant avoir fini de déposer pour aller achever une partie commencée au café. Viennent enfin des hommes que la jalousie fait mal voir, mal entendre, toujours soupçonneux et habitués à décider sur de simples aperçus. Tous prêtant ou ne prêtant pas un serment, qui est reçu avec si peu de solennité, tandis que l'appareil le plus grave devrait, dans ce moment, être déployé! . . . . . « Vous jurez de dire la vérité, de parler sans haine et sans crainte, comment vous appellez-vous? » Tout cela se dit d'une haleine. Il ferait une bien autre impression si l'on jurait sur l'honneur, sur ce qu'il y a de plus sacré, en prenant la divinité à témoin, et si le juge se découvrait après avoir ordonné de faire observer un respectueux silence! . . . . .

Les témoins déposent-ils d'un fait arrivé il y a long-temps? Les choses, les personnes, les époques, tout peut être en confusion dans la mémoire. Ne sachant pas qu'ils seraient un jour appelés en témoignage, ils n'ont certainement pas fait attention à tout, ils se rappelleront bien vaguement, du fond de l'affaire, mais le jour? Mais l'heure? Et faites bien attention qu'il ne s'agit pas toujours du fait principal; c'est une circonstance accessoire qui devient aggravante, terrible pour l'accusé, si elle est bien précisée. Un témoin dit l'avoir vu tuer un homme dans telle forêt; un autre l'a vu sortir de chez lui avec un fusil; un troisième l'a vu se disputer avec le mort dans un champ voisin de la forêt; un quatrième dit lui avoir vendu de la poudre et du plomb. Tout cela forme la conviction. Mais qu'arrive-t-il souvent? Il arrive que le témoin qui a perdu le souvenir des époques, se trouve avant l'audience en compagnie des autres témoins. Il est nécessairement question entre eux du sujet qui les amène tous au tribunal. Les uns racontent, les autres écoutent. Ceux-là qui, dix minutes avant, n'auraient pu dire quel jour et à quelle heure ils ont vu l'accusé dans telle ou telle situation, croyent effectivement se rappeler que c'est tel dimanche ou tel lundi que l'on vient de fixer. Qu'ils déposent ensuite, voilà une uniformité accablante, on ne peut y résister; on est convaincu. Cependant le témoin qui a vu assassiner a pu se méprendre sur un faux air de ressemblance, sur un habit de même couleur, il n'était peut-être pas très-près du lieu de la scène. J'ai pu me trouver quinze jours après dans le voisinage de cette forêt, avec un fusil, j'ai pu aller acheter de la poudre et du plomb. Tout cela est naturel. Il n'y a pas envie de nuire, mais il vaudrait mieux avouer ne pouvoir préciser les époques, que de copier inconséquemment. Du moins l'accusé ne serait pas autant exposé.

Je n'ai jusqu'ici parlé que de la

faiblesse des organes et des perceptions, mais, grand Dieu! que devient l'accusé dans l'hypothèse du faux témoignage?

Au civil, où il ne s'agit que de la fortune des citoyens, la preuve par témoins n'est point admise au-dessus de la somme ou valeur de cent cinquante francs. Au criminel, où il s'agit de l'honneur et de la vie, l'on n'y regarde pas de si près. Quel est cependant le motif du législateur dans le premier cas? C'est, dit-il, parce qu'au-delà de cette somme, la cupidité pourrait être tentée, on pourrait corrompre les témoins. Mais puisqu'une telle chose est possible, si possible, comme je l'ai déjà dit, que nous avons des lois qui punissent le faux témoignage, pourquoi ne suppose-t-on pas qu'un témoin peut avoir été acheté, pour satisfaire une vengeance particulière? On trouve en payant, des hommes qui en battront un autre. Dans certains pays on fait poignarder son ennemi pour un peu d'or.

Quel peut être son motif pour l'admission de la preuve au criminel, sans aucune limitation? Serait-ce parce qu'il répugne de croire à ce crime, qui parait impossible? Mais alors il faut être conséquent, puisque par nos lois, le faux témoin, en matière criminelle, est puni de mort s'il a été cause d'un jugement à mort.

Comment! on convient, par écrit, dans le code pénal, que l'on peut faire mourir sur un faux témoignage, et l'on condamne toujours, sauf à faire périr, à son tour, le témoin qui a déterminé le juge par sa déclaration? Il y aurait du remède si l'on se bornait à la peine des travaux; il ne faudrait qu'ouvrir les portes du bagne, à cet homme innocent; indemnisé, rendu à ses enfans et à la patrie, il ne laisserait pas d'inutiles et éternels regrets à ceux qui l'ont rayé de la liste des vivans.

Toutes les fois qu'il est possible qu'une chose ait pu n'être pas faite, je ne conçois pas l'entêtement de décider que cela ne pouvait être autrement, car enfin, nous n'avons pas le don tout divin de lire dans les consciences, et de voir là où nous n'étions pas.

Que l'on punisse, même au hasard de frapper l'innocence, il le faut bien, mais qu'on s'arrête dans la chaîne des peines, et que le dernier anneau ne soit pas la mort, parce que là, les bévues sont capitales et irréparables.

Après avoir dit de quels élémens se forme la conviction du jury, il me reste à parler de cette belle et généreuse institution.

C'est une garantie donnée à la société.

Aussi elle est bénie. Et comme elle a l'assentiment du peuple, on ne pourra jamais la lui ravir.

Mais, que de choses lui manquent encore?

Il ne faudrait pas qu'il pût dépendre d'un préfet de composer le jury au jour le jour, et selon *la nécessité des temps*, suivant que tel parti succombe ou surnage. Je ne dis pas que cela se fait, je dis que cela est possible; et l'on ne saurait y regarder de trop près quand il s'agit de la vie des hommes, car dans les affaires d'opinion, tel juré qui est un modèle pour ses vertus domestiques, ne voit plus qu'à travers le prisme de ses idées.

Le sort, et non le choix, devrait, en tous temps, composer les assises.

Il ne faudrait pas que les magistrats de la cour intervinssent dans la question de fait, parce que ce ne sont pas des jurés, et que le jury mixte n'est n'est plus un jury.

Il ne faudrait pas que le ministère public pût récuser, car il peut ôter ainsi, du nombre douze, l'homme qui aurait le mieux vu. Quel peut être le motif de sa récusation ? Sans doute ce n'est pas parce que la société voit par ses yeux que le juré faussera son serment, soit en sauvant un coupable, soit en faisant périr un innocent ? Ce serait là l'injure la plus grave ; et je tiens pour constant que le juré récusé doit se croire indigne de figurer à une autre session, et, comme tel, flétri et déshonoré. Que craint-on de lui, si l'on ne craint pas ses lumières ?..... Son ignorance ou ses passions ?..... Eh bien! on a jugé la question en le portant sur la liste.

Je ne voudrais pas non plus qu'il fût possible à l'accusé de faire des récusations, quand il s'agit de la mort. Au premier abord il n'y a rien de plus juste, car enfin il croit éliminer celui-là qui le connaît, qui, peut-être, lui a vu faire quelqu'autre mauvaise action. Je suis aussi de l'avis que cela est dans le droit naturel, s'il s'agit de toute autre peine; mais, si l'on y réfléchit, on ne peut s'empêcher d'envisager toutes les suites funestes d'une pareille récusation. Qui a dit à l'accusé, qu'il n'élimine pas celui dont le vote lui sauvait la vie? Peut-il donc être le propre instrument de sa destruction? . . . . . .

C'est une raison de plus d'abolir la peine capitale.

Il ne faudrait pas non plus que le cens payé, fût une raison pour être porté sur les listes; car on exclut l'homme de bien qui est éclairé, mais qui n'est pas assez riche. Je conçois que le cens est une bonne raison de choix pour la composition d'une chambre élective, parce que c'est une garantie que le député ne sera point un fauteur de troubles et de discordes; mais au jury, toute la fortune d'un millionnaire ne donne pas de lumières à l'homme borné; elle ne vient point répondre des fatales suites de son ignorance. On ne délibère que sur le procès, et non pas sur les affaires de l'Etat; on ne peut y conspirer. Savez-vous ce que font des payeurs de contributions sur les bancs du jury? Ils digèrent en admirant la beauté de la salle d'audience et en se pâmant d'aise au plaidoyer du ministère public, ou au résumé du président, qui n'est pas toujours un résumé. Les avocats ont raison, et le procureur-général aussi. Savez-vous ce qu'ils font dans la délibération? Ils pressent la discussion sous prétexte que l'on dînerait trop tard, ou bien ils se font ce raisonnement stupide: Monsieur un tel en sait plus que moi, donc je voterai comme lui.

Qu'est-ce donc que cette conviction, basée sur des témoignages qui peuvent être fautifs, et conçue par des hommes souvent sans moyens, inexpérimentés, arrivant de leur village et venant s'asseoir à la cour avec les préventions et les préjugés d'une mauvaise éducation ; par des hommes qui ne dîneraient pas s'il y avait treize personnes à table?

D'un côté, quatre hommes instruits ont la conviction de l'innocence, parce qu'ils connaissent bien les replis du cœur. Huit autres, mais des êtres nuls, sont d'un avis contraire, *parce que sans s'en douter, ils font dépendre leur conviction des manières de l'ancien ordre de choses ;* ***DEUX TÉMOINS SONT TOUT POUR EUX....*** Voilà un homme mort.

J'ai vu discuter une question importante, il s'agissait d'un parricide, en démence au moment de l'action. Il y avait des témoins. Les plus sages objectaient qu'il n'y avait pas eu volonté; eh bien! l'entêtement des hommes bornés ne voyait et ne voulait voir que les témoins. *On ne peut être fou quand on donne la mort à son père*, disaient-ils. On avait beau leur répliquer que, précisément, il faut être en démence pour attenter à d'aussi précieux jours; que la loi elle-même ne voit pas de crime là où il est impossible que, par suite de démence, il y ait eu intention; que la folie ne se commande pas; que c'est une infirmité de la nature. Ils n'en revenaient pas pour cela. Est-ce que l'esprit de la loi peut donc être faussé au gré d'esprits de cette trempe?

Cette conviction est une chose fort singulière. Douze jurés sont appelés. Je les suppose tous instruits et capables; qu'arrive-t-il? ils veulent absoudre; ils veulent condamner. Lesquels sont les mieux couvaincus? La cour vient trancher la discidence, je le sais, mais cela n'empêche pas que cinq jurés ont eu *la conviction intime* de l'innocence! ..... Il arrive donc que l'accusé porte sa tête sur l'échafaud, parce qu'il y a une voix de la cour contre lui, bien qu'il soit innocent aux yeux de la minorité, peut-être la plus éclairée.

Si l'on veut conserver cette odieuse peine de mort, au moins je voudrais qu'on exigeât l'unanimité, et que la douzième voix contraire fît infliger une autre peine.

Le gouvernement du Roi ne cherche qu'à s'éclairer, il est tout paternel; sans doute il permettra de fonder un prix pour le meilleur ouvrage sur cette grave et si importante question.

Moi je persiste à soutenir que la peine de mort n'est point de la compétence des hommes, et qu'elle est complètement inutile.